Online-Dating

-

Werde zum Meister der digitalen Verführung und revolutioniere Dein Online Dating mit Tinder und Instagram

© 2016 Daniel Karnatz

Das Werk einschließlich aller Inhalte ist urheberrechtlich geschützt. Alle Rechte vorbehalten. Nachdruck oder Reproduktion (auch auszugsweise) in irgendeiner Form (Druck, Fotokopie oder anderes Verfahren) sowie die Einspeicherung, Verarbeitung, Vervielfältigung und Verbreitung mit Hilfe elektronischer Systeme jeglicher Art, gesamt oder auszugsweise, ist ohne ausdrückliche schriftliche Genehmigung des Autors (nicht des Verlegers) untersagt. Alle Übersetzungsrechte vorbehalten.

Inhaltsverzeichnis:

Ein kleines Geschenk für Dich

Bevor Du in dieses Buch vollständig eintauchst, habe ich mir noch ein kleines Geschenk für Dich ausgedacht. Ob Du Anfänger oder Fortgeschrittener bist, dieses kleine kostenlose Programm ist ideal um Deine Fähigkeiten als Verführer auf ein neues Level zu bringen.

Das KOSTENLOSE Bootcamp zur Vernichtung Deiner Ansprechangst:

Kennst Du diese lähmende Angst, wenn Du eine wunderschöne Frau auf der Straße siehst, die Dich in deinen Kopf bringt und Dir alle möglichen Ausreden liefert, sie nicht anzusprechen?

Das kenne ich!

Als ich mich das erste Mal mit Flirten und Persönlichkeitsentwicklung beschäftigt habe, war es eines meiner größten Probleme meine sozialen Ängste zu besiegen. Vor allem wenn es um das Ansprechen von Frauen ging, fühlte ich mich immer wie paralysiert. Im Endeffekt habe ich mich wirklich unter immensem Druck dazu zwingen müssen Frauen anzusprechen. Ich hab mich selbst von 0 auf 100 gebracht.

Damals hätte ich mir vor allem jemanden gewünscht, der mir eine entspanntere Methode beibringt, diesen Paralysemantel abzuwerfen. Ich weiß, dass es vor allem als Anfänger schwer ist, sich zu den ersten Schritten der der Transformation zum Verführungskünstler zu stellen. Deshalb habe ich mir die Frage gestellt, wie man es schaffen kann, diese Ansprechangst als Anfänger völlig alleine und so leicht wie möglich zu eliminieren.

Die Lösung lag für mich darin, eine Gewohnheit für das Ansprechen von Frauen zu entwickeln. Eine Gewohnheit, welche jeden Tag in ihrer Intensität steigt und einen leichten Start in die Geheimnisse der sozialen Unabhängigkeit schafft.

Das wunderbare an eine Gewohnheit ist, dass man nicht mehr darüber nachdenken muss sie auszuführen. Es wird für Dich also zu einer reinen Natürlichkeit schöne Frauen auf der Straße anzusprechen. Diese Gewohnheit kombiniert mit kleinen spielerischen Herausforderungen bringt genau das was ich für Dich will:

Freiheit von Ansprechangst + Verbesserung Deiner Flirt-Skills + Spaß

Diese 3 Ziele sind der Grundstein für die Challenge, die ich entwickelt habe um Dir die soziale Unabhängigkeit zu geben, die sich jeder Mensch auf Erden wünscht.

Das erwartet Dich:
- 23 Tage hintereinander jeweils eine E-Mail
- 21 spannende Aufgaben welche in der Intensität jeden Tag zulegen

Was Du in der Challenge lernst:
- Wie Du deine Ansprechangst langsam aber sicher besiegst
- Welches Mindset beim Ansprechen von Frauen wichtig ist
- Wie Du dich vor dem Ansprechen „aufwärmen" kannst
- Wie Du eine schöne Frau ganz natürlich ansprechen kannst
- Wie Du das Gespräch führst und eine tiefere Verbindung schaffst
- Welche Skills wirklich im Gespräch entscheidend sind
- Wie Du dich nicht mehr verstellen musst und zu einer Version 2.0 wirst
- Wie Du das Ansprechen von schönen Frauen zu einer Lebenslangen Gewohnheit machst
- Wie Du deiner Komfortzone heraustreten kannst und damit ein erfüllteres Leben führst
- Wie Du das Ansprechen von Frauen mit extrem viel Spaß und deinem Humor verbinden kannst

Wenn das nach DER Herausforderung für Dich klingt, darf ich dir hiermit die kostenlose Easy-Attraction 21-Tage Approach-Challenge vorstellen.

Werfe jetzt Deine Ausreden über Bord und fange endlich an, dich Deinen Ängsten zu stellen. Du wirst es nicht bereuen! Melde Dich noch heute an und genieße die für begrenzte Zeit kostenlosen Vorteile für Dich:

→ easy-attraction.de

Einleitung

„Social Media und Online Dating sind die Zukunft des Flirtens!"
-Daniel Karnatz (CEO von Easy-Attraction)

In der heutigen Zeit gibt es einen sehr starken Wandel im sozialen Verhalten der Menschen. Sicher hast Du auch schon mitbekommen, dass sich jeder nur noch auf sein Smartphone fokussiert, in Fahrstühlen immer peinliche Stille herrscht und selbst bei sozialen Events eine Ablenkung durch Medien und moderne Technik entsteht. Selbst im Bereich Dating und Flirten merkt man diese Entwicklung immer stärker. Tinder und Co. lösen langsam aber sicher die üblichen Datingschauplätze wie Bars und Clubs ab.

In diesem Buch will ich diese Entwicklung nicht verurteilen. Ich möchte ein höheres Bewusstsein für diesen sozialen Umgang schaffen, damit Du das meiste aus den digitalen Flirtmöglichkeiten herausholst, die Dynamiken verstehen lernst und welche von diesen uns Menschen dazu bewegen auf Online-Dating-Portale zuzugreifen. Meiner Meinung nach sollte man im Bereich Dating mit der Zeit gehen aber seine alten sozialen Fähigkeiten immer noch scharf halten, da diese uns einen extremen Vorteil gegenüber unserer männlichen Konkurrenz geben. In diesem Buch wirst Du lernen, wie Du mithilfe der modernen Technik, den sozialen Medien und Online-Flirt-Portalen deine sozialen Fähigkeiten perfekt ergänzen kannst, um Deinen Erfolg mit Frauen zu maximieren zu können.

In diesem Buch werde ich die Ausschweifungen über Online-Flirt-Portale auf Tinder beschränken, da die Grundprinzipien bei allen anderen Portalen gleich anzuwenden sind und ich persönlich Tinder als das Beste Portal ansehe, da es kostenlos ist und sehr gute Funktionen zur Verbesserung der Ergebnisse mit Frauen liefert. Du wirst allerdings nicht nur kleine Tipps und Tricks für Tinder bekommen. Du wirst einen großen Einblick in den Grund der oben genannten Entwicklung bekommen und wie Du dir diese zum Vorteil machen kannst. Ich werde Dir die ultimativen Regeln des Online-Flirts (Textgame) verraten, warum diese Funktionieren und was sie von den Versuche von anderen Typen abhebt. Ich werde Dir zeigen, wie Du dir das perfekte Setup für das Online Dating kreierst, was Instagram in dem Bezug für dich tun kann und warum dieses Setup so wichtig ist für den Erfolg im Online-Dating. Obendrein wirst Du in diesem Buch die Grundfunktionen von Tinder kennenlernen und wie Du diese für dich optimieren kannst damit Du mehr Matches bekommst und diese Frauen dann auch kennenlernen kannst. Natürlich bekommst Du von mir noch den Schlüssel dafür, dass Du dich auch mit diesen Frauen treffen kannst. Am Ende des Buches werde ich Dir noch erklären, warum Online-Dating nicht alles ist und wie Du eine perfekte Balance zwischen Online und Offline-Zeit erschaffen kannst.

Die Regeln in diesem Buch sind alle von mir persönlich mehrere Male erprobt, bestätigt und verfeinert worden um Dir möglichst einen idotensicheren Einstiegt in die Welt des Online-Dating zu geben. Wenn Du dich noch über andere Themen des Flirtens kostenlos informieren willst, solltest Du auf jeden Fall meine **Website (easy-attraction.de)** abchecken. Dort findest Du sogar Beiträge zu anderen Kleinigkeiten des Online-Dating aber auch Infos zu anderen wichtigen Themen des Dating und der Persönlichkeitsentwicklung.

Lass uns aber jetzt nicht lange um den heißen Brei herum schwafeln und steigen wir sofort ins Buch, die Welt des Online-Dating und der sozialen Netzwerke ein. Ich hoffe das Wissen hilft Dir dein Datingleben zu revolutionieren und es perfekt zu ergänzen. Los geht's!

Kapitel 1: Die Revolution des Dating

„Durch die Revolution des Dating verändert sich nicht das Dating
an sich, sondern nur wie es zum Date kommt.“
- Daniel Karnatz

Wie gesagt, dies soll auf kein Fall ein Vortrag werden. Dieses
Kapitel soll vor allem über den jetzigen sozialen Zustand des
Menschen aufklären und Dir zeigen, wie Du dir diese
Entwicklung zu Nutze machen kannst und den negativen
Einflüssen dergleichen entgegenwirkst.

Mit der Einführung von Social-Media hat sich unsere
Wahrnehmung und Kommunikation grundlegend verändert.
Likes und Emojis regieren jetzt die Gefühls Welt und es sieht so
aus, als würden Menschen langsam aber sicher ihre
Spiegelneuronen verlieren (Neuronen die dafür verantwortlich
sind Emotionen von anderen in uns auch wahrzunehmen und sie
zu verstehen), also praktisch gesehen ihre Empathie-Neuronen.
Diese werden durch dauernden Gebrauch von Watsapp und Co
auf Emoji-Grimassen ausgerichtet. Man könnte wahrscheinlich
einem 12 jährigen nur noch mit Emojis erklären wie Wut oder
Trauer auszusehen hat.

Wir werden generell immer unempfänglicher für Emotionen
anderer weil wir sie selbst nicht mehr über Textnachrichten
zeigen müssen und somit verlernen, diese bei anderen Menschen
zu erkennen. Dies soll aber nicht die gegenwärtige Situation
verurteilen. Immerhin haben wir diese Entwicklung angestoßen
und unterstützen Sie ja auch durch die ständige Benutzung des
Smartphones und anderer Geräte.

Dies hat natürlich immense Auswirkungen auf unser soziales Verhalten. Wir werden immer unsicherer wenn es um das Knüpfen von neuen Kontakten und zufälligen Bekanntschaften geht. Vor allem in öffentlichen Verkehrsmitteln merkt man dieses Phänomen. Jeder sitzt ruhig an seinem Platz und knallt sich seine Kopfhörer rein um nicht mit den Anderen kommunizieren zu müssen. Im Supermarkt ist es aber noch schlimmer. Dort wird man schon komisch angeschaut wenn man die Kassiererin nach ihrem Tag und dem Befinden fragt. Es entwickelt sich eine Unsicherheit jeglicher Vorstellungskraft, bei einer Spezies, die nur überleben kann wenn sie zusammen arbeitet und ein soziales Netzwerk aufbaut.

Du merkst es sicherlich bei Dir selbst auch, wenn Du lange nicht unter Leuten warst, wie stark diese Unsicherheit werden kann. Selbst ich habe manchmal Probleme damit sozial zu werden, wenn ich mehrere Tage hintereinander nur für mich war und viel gearbeitet oder Videospiele gespielt habe. Deshalb möchte ich Dir dringend ans Herz legen jede Möglichkeit der sozialen Interaktion zu nutzen. Nur durch fast tägliche „Übung" kann man sich auch in der sozialen Intelligenz ein Knowhow aufbauen und seinen Urinstinkt auffrischen. Es muss zu einer Gewohnheit werden Gespräche zu initiieren und neue Kontakte zu knüpfen. Dies liefert Dir auch einen immensen Vorteil gegenüber allen anderen Leuten die zum Beispiel in der Bahn mit den Kopfhörer in den Ohren sitzen. Eine Gewohnheit wie diese ist praktisch die Kur gegen die Allgemeine Unsicherheit welche die Moderne Technik zwangsläufig auf uns ausstrahlt. Vor allem wenn es um das Ansprechen von Frauen in der Öffentlichkeit geht wird diese Gewohnheiten wahre Wunder wirken, da sie Dich immer in einem sozialen Modus hält, welcher es dir erlaubt weniger Widerstand gegenüber dem Ansprechen aufzubauen. Wenn Du mehr zu dem Thema Frauen ansprechen wissen willst habe ich Dir hier schon das perfekte Buch zum Thema geschrieben: **Frauen ansprechen: Besiege Deine Ansprechangst und erobere das Herz Deiner Traumfrau**

Da dieses Buch aber die Welt der Online Kommunikation und des Flirtens per Text vermitteln soll, werde ich Dir jetzt keine weiteren Ausschweifungen über die kaputte soziale Welt auftischen. Mit dem Wissen aus diesem Buch wirst Du genug Kenntnisse aufsaugen können um auch in der Online Welt überzeugen zu können. Vergiss nur nicht, dass Du niemals abhängig von dieser Netzwelt wirst und es noch ein Leben außerhalb der Computerdimension gibt, welche auf Dich wartet und entdeckt werden will.

Das richtige Dating-Portal für Dich

Für das Online Dating gibt es heutzutage extrem viele Möglichkeiten um in die Materie einzusteigen. Der Markt wächst täglich weil sich die Menschen nicht mehr auf die Straße trauen. Ich sehe fast täglich irgendwelche Plakate auf Litfaßsäulen oder an Busstationen. Alle Betreiber bewerben ihr Dating-Portal in welchem man angeblich „die Eine" oder „den Einen" ohne Schwierigkeiten findet. Natürlich steckt in der ganzen Branche viel Geld und man wäre auch irrsinnig wenn man diesen Hype als Unternehmer nicht nutzen würde. Werbung wird aber nur für die Portale gemacht, die monatliche Kosten beinhalten und die uns als Konsumenten von solchen Portalen ablenken, die mit dem größten und besten Repertoire an Funktionen ausgestattet sind, welche Erfolg versprechen. E-Darling und Parship nennen sich dann diese Giganten die mit den schönsten Frauen und Männern auf ihren Plakaten werben.

Wie Du dir sicherlich schon denken kannst, sieht es in diesen Portalen anders aus als die Werbung verspricht. Deshalb habe ich mich für dieses Buch, und natürlich für mich selbst und Dich, anderweitig umgeschaut. Letztendlich bin ich bei einer App gelandet, welche perfekt für das Kennenlernen von Frauen im Alltag nebenbei ist: Tinder.

Das hier soll keine Schleichwerbung sein, nur eine Empfehlung von mir, da ich schon die nötigen Erfahrungen im Online-Dating für Dich gemacht habe. Tinder ist wie viele anderen Datingapps kostenlos und durch Geld nur ein klein wenig erweiterbar. Es gibt zu Tinder auch Alternativen wie Lovoo und Bumble. Allerdings habe ich persönlich festgestellt, dass die Qualität der Frauen für Dich bei Tinder am höchsten ist (nur meine persönliche Erfahrung und Empfindung) und bei Bumble sehr wenige User vorhanden sind. Tinder verknüpft einfach die Social Media Flirttechniken am besten, welche ich für Dich zusammen getragen habe. Die App ist einfach zu handhaben und lässt sich schnell nebenbei im Alltag nutzen. Man sollte beachten, dass die Aktivität und das Potenzial von Tinder je nach Region oder Land sehr variiert, es aber durchschnittlich das beste kostenlose Online-Flirtportal ist.

Da das Online-Dating nur eine Ergänzung für deinen Alltag mit Frauen darstellen soll, empfehle ich auch kein Geld für größere Partnerbörsen auszugeben. Du willst so wenig Zeit und Energie wie möglich beim Online-Flirt investieren. Geld sollte, vor allem am Anfang und ohne Erfahrung, keinen Platz in deinem Investment-Portfolio finden.

Ich selbst checke mein Tinder ca. 2-mal am Tag um einen Überblick über die Welt des Online-Dating zu behalten. Als ich in Asien war, wo Tinder abgeht wie eine Rakete, war ich sogar fast nur auf Tinder unterwegs, da in den Ländern wo ich war keiner auf der Straße richtig gutes Englisch gesprochen hat. Vor allem im Ausland wird Dir dann dein Tinder Profil helfen, schnell und unverbindlich Kontakte zu knüpfen und die einheimische Küche zu probieren. Aber auch in Deutschland ist Tinder vor allem in der Altersgruppe zwischen 20 bis 30 sehr bekannt und beliebt geworden. Vor allem in der Stadt gibt es wegen der Ortseinschränkung von Tinder die meisten potenziellen Frauen. Wenn Du auf dem Land wohnen solltest, ist die Stadt auf jeden Fall der richtige Ort um die App zu nutzen. Dort gibt es vor allem für jedes Ziel den richtigen Ansprechpartner. Ob Du Beziehungsmensch bist oder nur ein One-Night-Stand suchst. Du wirst sicherlich bei beiden Zielen genug Frauen finden können.

Jetzt stellt sich aber natürlich nur noch die Frage, wie man Tinder am effektivsten nutzt, wie Du dein Profil optimieren kannst und wie Du deine Ergebnisse beim Schreiben mit Frauen verbessern kannst. Das alles und noch mehr wird jetzt Thema der nächsten Kapitel sein.

Kapitel 2:
Die Einfachheit von Tinder

„Die Möglichkeiten des Dating mit Tinder sind fast unbegrenzt!“
- Daniel Karnatz

Wenn Du dieses Buch liest, kennst Du vielleicht schon Tinder und seine Funktionsweise. Für alle Neulinge möchte ich trotzdem noch einmal alle Funktionen kurz Vorstellen und Dir zeigen wie Tinder funktioniert. Wenn Du schon Bescheid weißt, kannst Du dieses Kapitel bedenkenlos überspringen. Einige Funktionen, welche extrem wichtig sind, werden sowieso in späteren Kapiteln noch einmal erwähnt und genau unter die Lupe genommen.

Der generelle Aufbau von Tinder

Wie bei vielen bekannten Dating-Portalen bietet Dir Tinder die Möglichkeit deinem Profil Bilder und eine Beschreibung deiner Persönlichkeit einzustellen. Um die richtigen Frauen zu finden zeigt Dir Tinder erst die Profilbilder der Frauen die in deiner Nähe sind. Du wiederum hast dann die kleine Aufgabe durch das Klicken zweier Button zu entscheiden ob Dir die Frau gefällt oder nicht. Ganz simpel. Du kannst Dir das Profil der Frauen auch komplett ansehen indem Du auf das vorgestellte erste Bild klickst. Dann hast Du Zugang zu all ihren eingestellten Bildern und ihrer Beschreibung (Biographie). Eine Chatverbindung zwischen euch entsteht nur dann, wenn ihr euch beide "geliked" habt. Somit musst Du also sicherstellen, dass die Frau auch auf das kleine grüne Herz geht. Mit den Tipps aus diesem Buch wirst Du die Quote an Frauen, welche mit Dir schreiben möchten, natürlich signifikant erhöhen können. Außerdem bietet Tinder noch die Möglichkeit das eigene Instagramprofil mit deinem bestehenden Tinderprofil zu verknüpfen. Warum das so wichtig ist, werde ich Dir noch später erklären.

Die Premiumfunktionen

Wenn Du schon ein wenig Erfahrung mit Tinder hast und auch konstanten Erfolg mitbringst, kann es sich durchaus lohnen Tinder-Plus zu erwerben. Es kostet so ca. 2,50-4 Euro im Monat. Die Premiumfunktionen sind nicht notwendig, unterstützen aber die Wirksamkeit von Tinder. Ich werde Dir jetzt die Premiumsachen vorstellen und eine kleine Wertung abgeben.

Unbegrenzte Anzahl an Likes – Nur hilfreich, wenn man Tinder sehr viel am Tag nutzt (Habe ich persönlich nur in Asien genutzt)

Einen Tinderboost pro Monat – Der Tinderboost kann Dir in den Primzeiten von Tinder (18-24Uhr) sehr viele Matches einbringen weil Dich Frauen bevorzugt vorgestellt bekommen. Wirkt für 30 Minuten und ist nachkaufbar. Lohnt sich meiner Meinung nur wenn Du mit Tinder startest oder gerade viel zu wenig Matches bekommst.

Alter und Entfernung verbergen – Es ist eher ungünstig diese Funktion zu nutzen, da die Frau so viele Infos wie möglich von Dir erhalten sollte.

Extra Superlikes – Bringen nicht viel, da sie meiner Meinung nach gar nicht verwendet werden sollten. Sie wirken sehr needy und lassen dich eher als unsicheren Beta dastehen.

Letzte Bewertung der Frau zurücknehmen – Ist nur in manchen Fällen notwendig wenn man sich vertippt hat. Sollte aber kein Problem sein, da es genug Frauen gibt.

Es gibt noch weitere kleine Anspassungsmöglichkeiten, welche die Suchfunktionen und die angezeigten Frauen beeinflussen. Diese sind allerdings vollkommen unnötig.

Wie Du schon merkst, ist die Premiumfunktion von Tinder absolut nicht notwendig. Sie kann nur in bestimmten Fällen nützlich sein und die meisten Funktionen sind sowieso nichts wert und haben keinen Einfluss auf deinen Erfolg mit Tinder.

Kapitel 3:
Dein Tinder-Profil optimieren

„Tinder ist nur so gut wie Dein Setup!"
-Daniel Karnatz

Wenn Du dir jetzt die Tinder-App geladen und dein Profil erstellt hast, kann es fast schon losgehen. Ich persönlich habe gemerkt, dass Tinder nur wirklich funktionieren kann, wenn man sein Profil wirklich optimiert hat und so schon von Anfang an einen guten Eindruck auf die Frau macht. Klingt logisch oder? Trotzdem sehe ich bei vielen Typen wie sie sich wirklich gar nicht um ihr Profil kümmern und erwarten, dass sich die Frauen gleich mit ihnen treffen obwohl sie sie gar nicht kennen weil einfach nichts in ihrem Profil aussagt, was für ein Person sie überhaupt sind.

Zu dem Thema Tinderprofiloptimierung habe ich sogar schon einmal einen Blogbeitrag auf der offiziellen Website von Easy-Attraction gepostet. Ich bringe dort jeden Sonntag oder Montag einen neuen Artikel heraus welcher Tonnen von Wert für Dich bereithält. Das alles ist natürlich vollkommen kostenlos. Vieles aus diesem Artikel findest Du auch in dem genannten Blogbeitrag in gekürzter Form. Aber auch andere Themen wie der Quickfix zur Ansprechangst oder der perfekte Logistick-Check wird dort in Beiträgen behandelt. Man wäre ein Narr, wenn man sich diesen kostenlosen Content entgehen lassen würde. Checke den auf jeden Fall ab!

Die Optimierung der Bilder

Vor allem die Bilder liefern der Frau den ersten Eindruck von deinem Profil. Meistens dauert es nur wenige Millisekunden bis sich eine Frau entschieden hat, ob sie Deinem Profil noch etwas länger ihre Aufmerksamkeit schenkt. Hier meine allgemeinen Tipps für die Bilder:

- deine Bilder sollten immer eine hohe Qualität aufweisen (HD wenn möglich)
- schöpfe immer alle 6 Plätze für die Bilder aus umso möglichst viel von Dir und deiner Persönlichkeit präsentieren zu können

Dein erstes Bild sollte immer eine Frontaufnahme sein in welcher Du keine Sonnenbrille tragen solltest, damit die Frau deine Augen sehen kann. Die Augen werden nicht umsonst das Tor zur Seele genannt. In diesem Bild kommt es sehr stark auf Deine natürliche Ausstrahlung an. Es sollte so natürlich wie möglich sein und vor allem unverkrampft und sympathisch. „Immer schön Lächeln" ist also angesagt.

Deine restlichen Bilder sollten vor allem aus Aktivitäten bestehen die Dich Einzigartig machen. Coole Gruppenbilder mit Freunden sind in den restlichen 5 Bildern ebenfalls gerne gesehen! Diese Bilder vermitteln Deinen hohen sozialen Status, vor allem wenn noch andere hübsche Frauen darauf sind. Um Deine Fotos natürlicher wirken zu lassen empfehle ich Dir die Bilder von jemand anderem machen zu lassen. Selfies gehen gar nicht und stehen nur für vermutliche Einsamkeit. Zum Thema Bodypics oder auch Bilder, auf denen Du oberkörperfrei bist, habe ich auch etwas zu sagen. Einen schönen Körper sieht man immer gerne, allerdings macht es einen Unterschied wie man diesen präsentiert. Damit das Bild nicht zu tryhard wirkt, solltest Du versuchen, denn Fokus im Bild nicht zu sehr auf Deinen Körper zu lenken. Als Beispiel: Im Spiegel des Badezimmers ein Bild von seinem Körper zu machen geht GAR NICHT. Versuche stattdessen ein wenig Seele oder andere Leben mit ins Bild zu packen. Ob Kumpels oder Katzen, jedes andere Lebewesen macht sich gut mit welchem Du eine Aktivität machst welche nicht auf das Posen für die Kamera fixiert ist. Somit zeigst Du nur unterschwellig, was für einen tollen Körper Du hast, zeigst aber auch, dass er nicht alles ist, was dich ausmacht.

Weißt Du warum spontane Fotos immer am besten aussehen? Weil sie extrem authentisch auf den Betrachter wirken. Vor allem wenn es so aussieht, als hätte das Model nicht einmal gewusst, dass gerade ein Foto gemacht wird, bekommt das Bild diesen magischen Touch.

Wenn Du mit deinen Bildern das Interesse der Frau geweckt hast wird sie sich sicherlich auch deine Biographie anschauen wollen. Fahren wir also mit dieser fort.

Die Optimierung Deiner Biographie

Die Biographie ist bei Tinder eher zweitrangig, da deine Bilder einen stärkeren Eindruck hinterlassen sollten. Hier kommt es wieder darauf an möglichst nicht als zu „tryhard" herüber zu kommen. Kopierte schlaue Sprüche, Pickup Lines oder witzige Beschreibungen kann jeder in sein Profil einfügen. So stellt man sich im Internet aber weniger vorteilhaft dar.

Wenn man sich die Beschreibungen von Frauen anguckt, kann man feststellen, dass sie sehr gerne einzelne Schlüsselwörter hintereinander reihen. Diese werden dann mit den typischen Emoticons ausgeschmückt. Genial. Ein besseres Beispiel könnten Frauen uns gar nicht sein. Genau das kannst Du für deine Beschreibung bzw. Biographie übernehmen. Warum ist das ganze allerdings so genial, fragst Du dich sicher. Einfach gesagt: Die Schlüsselwörter welche Du aneinanderreihst sind kurz und prägnant. Du verschwendest damit nicht zu viel Energie Dir eine Super-coole Beschreibung aus dem Hut zu ziehen und wirkst dadurch nicht tryhard. Die Emoticons gehen vor allem auf die Kommunikationsweise der Frauen ein, die Emotionen. Außerdem sieht es hübscher aus…

Du willst mit deiner Biographie natürlich nicht nur Frauen über Dich informieren, idealerweise bringt die Beschreibung die Frau dazu Dich von alleine anzuschreiben. Das erreichst Du mit kleinen Überraschungen und anstößigen Dingen in deinem Text. Ein gutes Beispiel ist wohl, wenn man an das Ende der Schlüsselwörter noch ein weiteres packt, welches überhaupt nicht ins Bild passt. Ein leckeres Gericht welches Dir besonders schmeckt oder eine andere Sache mit der Frauen gute Erinnerungen verbinden könnten sind besonders geeignet. „Penis" ist auch ein gutes Wort welches ich gern benutze da es manche Frauen wirklich extrem provozieren kann.

Ebenso verwende ich den Satz „Natürlich geborenes Arschloch" oder „Bitte sei im echten Leben nicht dick" nach der Aufzählung der Schlüsselwörter um die Emotionen der Frauen zu aktivieren. Negative wie positive führen hier zum Erfolg. Außerdem werden gleich die Frauen mit Komplexen aussortiert, welche auf diese (als Scherz gemeinte) Zeile besonders abweisend reagieren, vermutlich ein geringes Selbstbewusstsein und keinen Humor besitzen.

Kapitel 4
Social Media – Das perfekte Setup-Tool

„Es gibt keine bessere soziale Bestätigung als wenn eine Frau deinen extrem professionellen Auftritt auf den sozialen Netzwerken stalkt...“
- Daniel Karnatz

Wenn ich Dir nur einen Tipp geben dürfte, damit deine Ergebnisse im Online-Dating und im Textgame so richtig durch die Decke schießen, wäre das dieser: Kreiere das perfekte Setup um noch mehr Matches auf Tinder zu bekommen und Dir das ganze Geschreibe zum kennen lernen sparen zu können. Ich rede hier über das Setup via Social Media.

Wenn es um Tinder geht, ist vor allem eine Social Media Plattform interessant, Instagram. In Tinder gibt es die geniale Möglichkeit deinen Instagram-Account mit deinem Tinder-Profil zu koppeln. Wer dieses sieht, hat damit auch Zugang zu deinen Bildern auf Instagram. Verkopple also die beiden Profile um effizient zu zeigen, was für ein cooles Leben Du hast.

Ein wichtiger Teil dieses Buches sollte auch schon immer der Umgang mit Social Media sein. Die sozialen Netze erlauben es uns, ein selbstkreiertes Bild von uns zu erstellen. Natürlich sollte dieses Bild uns als Mensch von der besten Seite zeigen. Es sollte zeigen, was dich ausmacht, welche Aktivitäten Du gerne machst, welche Freunde Du hast und wie viel Spaß Du im Leben generell hast. Es ist praktisch deine Bewerbungsmappe für alle Menschen die man nicht persönlich kennt.

Vor allem Frauen nutzen Social Media viel stärker als Männer weil sie diesen Aspekt der sozialen Netze erkannt haben und sich natürlich immer von ihrer besten Seite darstellen wollen. Beim Flirten und vor allem im Online Dating kann Dir diese Darstellungsmöglichkeit viel Rumgeschreibe und anderes Drumherum ersparen. Es ist praktisch wie eine gute Körperhygiene. Je mehr Du auf dein Bild in sozialen Medien Acht gibst, desto besser und stärker kannst Du deinen sozialen Wert vermitteln. Ein ultimatives Marketingtool zum Frauen kennenlernen. Flirten ist im Endeffekt auch nichts anderes als die Vermarktung von Dir selbst und es schadet nicht das Beste aus dem herauszuholen was Du zur Verfügung hast.

Ich habe zwei soziale Netze herausgesucht auf denen dieses Marketing am effektivsten und besten funktioniert. Facebook und Instagram dürften für Dich auf jeden Fall ein Begriff sein. Allerdings muss ich sagen, dass Instagram noch viel stärkeres Potenzial hat, wenn es um den Umgang mit Frauen hat. Diese sind auf Instagram viel aktiver und stalken auf der Plattform was das Zeug hält. Tinder liefert für diese Vorlage die perfekte Verknüpfungsmöglichkeit. Wie gesagt, lassen sich die Profile von Tinder und Instagram verbinden, was es den Frauen erleichtert herauszufinden was für ein Typ Du bist. Allerdings kann man Instagram nicht nur ins Online-Dating mit Tinder einbringen. Wie wäre es zum Beispiel wenn Du am Tag, beim ansprechen von Frauen, dein Instagram statt deiner Nummer austauschst. Das hat enorme Vorteile.

Wenn das Gespräch mit der Frau nicht sehr lange gelaufen ist, weil sie nicht so viel Zeit hatte, tausche definitiv Instagram aus. Von ein paar Minuten kann die Frau dich noch nicht so gut kennenlernen und es ist sehr wahrscheinlich, dass sie Dir keine weitere Beachtung schenkt, wenn Du sie als No-Name oder relativ Unbekannter ohne Gesicht mit deiner Nummer anschreibst. Wenn sie dein Instagram allerdings hat werden ihre Stalkersinne aktiv und sie wird dein Profil nur so verschlingen. Dadurch bekommt sie ohne dass Du mit ihr reden musst einen guten Eindruck von Dir (Wenn Dein Profil gepflegt ist). Sie sieht all die coolen Dinge die Du tust und investiert indirekt Zeit in dich. Nicht nur, dass Dich den Profil viel interessanter macht als eine Nummer, nein. Menschen tendieren dazu in die Dinge zu investieren, in welche sie schon investiert haben und Frauen brauchen nun einmal durchschnittlich länger zum stalken eines Instagramprofiles als Männer...

Ich persönlich tausche immer nur noch das Instagram aus, lasse es für mich passiv arbeiten und kann mir dann die Nummer der Frau per Instagram-Chat extrem einfach holen. So wird in kurzer Zeit, in der ich nicht einmal anwesend bin Anziehung und Vertrauen aufgebaut weil die Frau ja schon das meiste von mir weiß. Es ist auch viel leichter von diesem Punkt aus zum Treffen mit der Frau zu kommen. Wenn deine Welt gut aussieht, will sie schließlich Teil davon werden.

Wenn Du lernen willst, wie Du überhaupt eine Frau ansprichst und zum Kontaktaustausch, via Instagram, zu kommen kannst, schaue Dir auf jeden Fall mein Buch **Frauen ansprechen** an!

Du merkst sicherlich langsam schon welches Potenzial in Social Media und vor allem in Instagram steckt. Was Du jetzt noch beachten musst um dieses Potenzial vollständig ausschöpfen zu können, zeige ich Dir jetzt.

So ziehst Du dein Instagram richtig auf

Was die Optimierung Deines Instagram-Profils angeht, gibt es viele Parallelen zu der Optimierung des Tinderprofils. Bei Instagram sollten Deine Bilder eine sehr gute Qualität haben und deine Persönlichkeit zeigen. Allerdings gibt es auf Instagram noch ein paar Dinge mehr, welchen Du große Beachtung schenken solltest.

Anordnung der Bilder...

Diese ist bei Instagram extrem wichtig, da Du mit der richtigen Anordnung ein gutes Gesamtbild von Dir erzielen kannst. Behalte immer im Kopf, dass eine Reihe immer aus drei Bildern besteht und plane deine Posts je nach Position der Bilder voraus.

Atmosphäre der Bilder...

Eine Atmosphäre schaffst Du vor allem mit der Auswahl der Farben und Filter für dein Profil. Ich persönlich mag helle, knallige Farben welche ein Gefühl von Wärme und guter Laune vermitteln. Du solltest deinen Filter, die Helligkeit und die allgemeine Stimmung bei jedem Bild gleich halten (sofern möglich). Das gibt deinem Profil eine einheitliche Wirkung und gibt ihm auf Punkte beim Gesamteindruck. Außerdem sieht es viel schöner aus...

Die Themen der Bilder...
Viele Leute posten wild drauf los und wollen am besten ihr
ganzes Leben in Instagram verewigen. Das wirkt aber auf
Menschen die sich dann diese Profile anschauen eher
verwirrend. Sie können dann keine Verbindung zu dem Profil
oder zu der Person aufbauen was eher schlecht ist und sie von
einem Abo wegbringt. Viel besser dagegen machen es die echten
Instagram-Profis. Diese suchen sich bis zu 3 Themen ihres
Profils und posten dann nur Themenrelevante Dinge. So ähnlich
solltest Du es auch machen.

Suche Dir die 3 Dinge mit denen Du dich am meisten
identifizieren kannst, die die am besten verkörpern und welche
Du den Menschen kommunizieren willst. Bei mir sind es zum
Beispiel: Reisen, Frauen, Freizeitaktivitäten wie meine Liebe
zum Kung-Fu und Fire-twirling aber ebenso die besten Momente
mit Freunden.

Um sozialen Wert zu kommunizieren wären das Thema Freunde
und Frauen essentiell. Das ist wohl das wichtigste wenn es um
das flirten mit Frauen per Netz geht. Auf dem zweiten Platz auf
der Liste sollte dann deine persönliche Passion stehen welche
Du unbedingt kommunizieren willst. Das kann zum Beispiel
Sport oder eine Vorliebe für Autos oder Bücher sein. Der dritte
Platz ist dann deinen Wünschen vorbehalten. Es gibt schließlich
etliche Möglichkeiten...

Die Profilbeschreibung...
Hier gilt ähnliches wie bei Tinder. Schreibe Untereinander deine
Schlüsselwörter auf und verpasse ihnen einen coolen Look mit
einem passenden Emoji. Mehr braucht es nicht.

Das Profilbild...
Bei Instagram ist dein Profilbild extrem wichtig um das Interesse
von anderen zu wecken. Es sollte eine gute Qualität haben und
relativ hell sein. Es hat sich erwiesen, dass vor allem Bilder bei
denen man genauer heran zoomen muss, um sie genauer sehen
zu können, viele Follower bringen. Ein wenig Haut oder eine
witzige Grimasse sind sehr gut für diesen Zweck geeignet.
Gruppenbilder eher weniger.

Wie viel Du in dein Instagram investieren solltest:
Für Frauen ist es nicht essenziell wie viele Follower Du hast,
obwohl mehr Follower auch einen großen sozialen Status
symbolisieren. Mache Dir also nicht allzu viele Sorgen über diese
Zahl.

Wo Du allerdings Zeit investieren solltest, ist die Optimierung
des Profils, was ich Dir eben erklärt habe. Es wäre auch von
Vorteil dein Profil ab und zu mit neuen Bildern zu versorgen, um
das ganze frisch zu halten. Ich will Dir hier aber keine Vorgaben
machen wie viele Bilder Du posten solltest. Das ist Dir
überlassen. Es sollten aber genug sein, um zu zeigen was für ein
cooler Typ Du bist und was für ein Leben Du führst.

Wenn Du noch keine oder wenige Bilder auf Instagram hast, ist
es jetzt Zeit an dem Profil zu arbeiten Du ersparst Dir auf jeden
Fall viel Textgame mit den ganzen Frauen.

Clickbait rules!

Wenn Du beide Profile gekoppelt hast, gibt es immer noch das kleine Problem, dass die Frauen bei Tinder noch auf dein Instagram Profil kommen. Nur wenige schauen sich dieses nämlich an, wenn sie auf deinem Tinder-Profil sind. Da kommt Clickbait ins Spiel.
Damit die Frauen auch dein Instagram unbedingt sehen wollen kannst Du diesen Satz in deine Biographie verpacken.

„Das ist mein Instagram (Namen) aber flippe bitte nicht aus, wenn Du es dir ansiehst."
Damit wird sichergestellt, dass so viele Frauen wie möglich dein cooles Leben sehen. Im Übrigen auch eine gute Methode um mehr Follower zu bekommen. Außerdem kannst Du diese Clickbait-Strategie auch im normalen Chat anwenden, wenn die Frau dein Instagram noch nicht hat.

Wenn Du dir mein privates Instagram-Profil anschauen willst, um es als Beispiel zu nehmen, findest Du dieses hier.

Kapitel 5:
Die Regeln des Textgames

„Je weniger Du beim Schreiben mit Frauen investierst, desto mehr geben sie Dir zurück."
-Daniel Karnatz

Wenn ich so auf die Anfänge meiner Online-Dating Versuche zurück schaue, muss ich sagen, dass mir das Schreiben mit Frauen an sich immer schwer gefallen ist. Aus meiner Erfahrung, auch mit anderen Freunden, kann ich bestätigen, dass das Schreiben oder auch Textgame genannt, das größte Problem für die Männer darstellt. Dieses Problem will ich in diesem Buch ein für allemal geklärt wissen. Die Motivation dazu fande ich im Betrachten der Chats von den Frauen, mit denen ich mich über Tinder getroffen hatte und den Chats von Freunden und Bekannten. Einige dieser Chats bringen mir noch immer Alpträume ein. Nicht nur weil ich diese Fehler selbst gemacht habe, sondern auch weil jeder Typ den ich kennengelernt habe diese Fehler macht. Es könnte allerdings so einfach sein, wenn man sich an die richtigen Grundprinzipien hält. In diesem Kapitel soll es um diese Grundprinzipien gehen, wie Du diese richtig anwendest und wie man es auf gar keinen Fall machen sollte. Nach diesem Kapitel kannst Du dich wahrscheinlich von 95% der Männer auf Online-Flirtportalen abheben. Du wirst die Dynamiken des Textgame verinnerlichen und solidere Ergebnisse beim Schreiben mit Frauen erzielen können. Fangen wir an!

Je weniger desto mehr...

Wie Du in dem kleinen Zitat schon mitbekommen hast, geht es um das Low-invest-Mindset im ersten Grundprinzip. Beim Setup deiner Profile kannst Du ruhig ein wenig investieren. Beim Schreiben mit Frauen, solltest Du dieses Investieren stark zurück schrauben.

Ich sehe immer wieder Typen, die ihre Chats zeigen und dann
fragen was schief gelaufen ist. Ohne die Nachrichten an sich zu
lesen sehe ich schon was das Problem ist. In den Chats hat der
Typ mehr investiert als die Frau. Er hat Romane geschrieben und
sie nur immer ein paar Wörter, manchmal sogar weniger.

Grundsätzlich gilt: Versuche immer gleich viel oder weniger
Text zu schreiben als die Frau.

Investment kann man aber auch gut an der Zeit erkennen. Wenn
eine Frau ewig braucht um Dir zu antworten, solltest Du dir
ebenso viel Zeit, wenn nicht sogar mehr für deine Antwort
nehmen. Das ist psychologisch gesehen auch ein
unterschwelliges Belohnungssystem. Wenn die Frau schnell
antwortet bekommt sie im Gegenzug auch schnell ein zurück.

Diese ganze Geschichte hört sich vielleicht für dich jetzt wie
Kindergarten an. Für mich war es auch schwer zu akzeptieren,
allerdings läuft das gute Textgame nun mal so ab. Im Gegenzug
dazu benutzen Frauen diese Techniken nämlich ebenso als eine
Art Shittest. Das passiert zwar unterbewusst aber mit Erfolg. Ich
sehe immer wieder Typen die sich sogar bei der Frau persönlich
aufregen, welche nicht sofort antworten. Der Shittest hat
zugeschlagen. Eifersucht oder Kontrollsucht haben beim
Schreiben nichts zu suchen und kommunizieren nur ein
niedriges Selbstbewusstsein. Beim Textgame ist das Ergebnis
sowieso oft unbestimmbar, da Du beim Schreiben viel Macht
abgibst. Schließlich muss die Frau Dir ja nicht antworten.

Die Macht der Schlussfolgerung

Ein beliebter Fehler im Textgame ist es viele Fragen zu stellen. Wir Männer sind sehr logisch veranlagt, was Fragen für uns essenziell macht. Frauen hingegen sind sehr emotional veranlagt. Wie Du dir sicherlich schon denken kannst sind Fragen eher kontraproduktiv, wenn es um das Kommunizieren mit Frauen, im Allgemeinen, geht. Man verheddert sich als Mann dann gerne in einer Art logischer Fragespirale. Man selbst ist nur noch pro-aktiv und die Frau nur noch reaktiv. Das ist der absolute Killer für eine Kommunikation per Text. Du selbst müsstest auch bemerken, dass ständiges herumgefrage Dich mehr langweilt als aufregt. Außerdem wirken die Fragen auf die Frau eher als würde man damit einen Plan verfolgen. Das schlimmste sind die typischen Konversationen wo erst einmal nach dem Befinden gefragt wird und dann das typische "Was machst Du gerade so?" kommt. Diese Fragen, hört eine Frau sicherlich tausende Male am Tag von irgendwelchen Typen per Chat. Frauen besitzen eine extreme Unabhängigkeit wenn es um neue Kerle geht. Eine welche wir uns Männer nicht einmal in unseren kühnsten Träumen vorstellen können. Deshalb ist es sehr wichtig sich von den anderen Männern abzuheben, keine bis wenig Fragen zu stellen und es besser zu machen.

Jetzt fragst Du dich sicherlich wie man es besser machen soll. Ganz einfach! Theorien, Vermutungen und Schlussfolgerungen über die Frau sind der Schlüssel zum Erfolg. Solche Annahmen sind keine Fragen, sie sind einfach besser! Es ist ein gewaltiger Unterschied ob man "Was machst du gerade so?" oder "Du sitzt bestimmt gerade schon die ganze Zeit vor dem Fernseher und schaust dir eine Romantiserie an." schreibt.

Bei Annahmen muss die Frau deine Vermutung richtig stellen. Sie verrät Dir meistens, ohne dass Du fragen musst, wichtige Informationen über sich aus denen Du dann neue Annahmen und Vermutungen schlussfolgern kannst. Eine solche Herangehensweise ist viel spielerischer und Du kannst sehr einfach das Thema wechseln wenn Du denkst, dass der Chat langsam langweilig wird.

Ganz kann man Fragen natürlich nicht aus dem Weg gehen. Man kann sie aber im Chat hervorragend so aussehen lassen, als wären es keine Fragen. Dafür lässt Du einfach das Satzzeichen (Fragezeichen) weg oder ersetzt es mit einem einfachen Punkt. Das gleiche sollte meistens auch für Ausrufezeichen gelten und stellt eine perfekte Ausweichmöglichkeit dar.

Wenn Du das alles richtig umsetzt wird sich dein Schreiben schon um ein vielfaches verbessern.

Die Geschichte mit den Emojis

Wenn Du die vorigen Kapitel aufmerksam gelesen hast, denkst Du vielleicht das Emojis beim Schreiben mit Frauen sehr effektiv sein müssten. Schließlich sind sie sehr gut geeignet Schlüsselwörter in der Biographie von Social Media Profilen zu verfeinern. An diesem Punkt muss ich Dich allerdings enttäuschen.

Ich war früher jemand der gedacht hat, dass irgendetwas nicht stimmt, wenn man keine Emojis verwendet. Der Chat sah voller, bunter und unterhaltsam aus. Heutzutage verwende ich fast gar keine Emojis mehr. Es ist hart sich daran zu gewöhnen, aber Emojis können die Stimmung, welche Du beim Schreiben erzeugen willst, komplett zerstören. Zum einen sind die kleinen Smileys ein zusätzlicher invest von Dir, zum anderen killen sie eine gewisse sexuelle Spannung im Chat. Ja, durch das Schreiben kann man sexuelle Spannung erzeugen. Das beste Beispiel sind Dirtytalks die öfter vorkommen als Du denkst, wenn Du dem Gespräch eine gewisse Richtung gibst auf welche die Frau eingeht. Grundsätzlich will ich Emojis hier nicht verteufeln. Allerdings lohnt es sich, den Gebrauch langsam zu entwöhnen. Du hebst dich damit außerdem stark von allen anderen Typen ab, welche den Chat mit allen möglichen Smileys und Herzchen vollballern. Anders zu sein ist gut.

Wenn Du jemand bist, der gar nicht auf Emojis verzichten kann, habe ich hier eine kleine Alternative für dich. Es gibt andere Symbolkombinationen welche solche Grinsebacken erzeugen können. Hier sind ein paar Beispiele: =}, =], ^_^.
Diese Beispiele ersetzen die üblichen Verdächtigen gegen welche, die sich wenigstens Abheben und die zur Abwechslung ziemlich ulkig aussehen.

Emotionale Achterbahnen mit den richtigen Vibes

Wenn es ums Flirten im Allgemeinen geht, sind Emotionen sehr wichtig. Im face-to-face Gespräch kann man diese sehr gut durch die sogenannten Vibes/Spikes erzeugen, die eine gute Abwechslung zum langweiligen Interviewmodus sind. Dabei sind positive wie auch negative erzeugte Emotionen sehr gut. Eine gute Abwechslung ist eben auch vom Positiven zum spielerisch Negativen zu wechseln. Beim Schreiben mit Frauen kann man diese Vibes auch setzten. Allerdings sind sie ein kleines bisschen weniger effektiv als im normalen Gespräch, weil die Frau dann deine Subkommunikation besser verstehen kann. Im Buch "Frauen ansprechen" habe ich ein ganzes Kapitel dem Vibing gewidmet, in welchem Du ganz genau lernst wie Du die Emotionen der Frau triggern kannst.

Im Chat sehen diese Vibes meistens gleich aus. Meistens kann man diese bringen, wenn die Frau sich zu einer Vermutungen geäußert hat. Dann kannst Du darüber einfach deine Meinung kund tun und zum Beispiel schreiben: "Du machst ...? Du weißt gar nicht wie sehr ich Dich dafür liebe/hasse." Oder einfacher und mit weniger Investment: "Ich liebe/hasse dich".

Frauen reagieren auf solche emotionalen Trigger wie wenn die auf Heroin sind. Diese Vibes lassen Dich auch bestimmen, in welche Richtung das Gespräch verlaufen soll. Es ist ebenfalls eine gute Möglichkeit eine hohe Reaktionsfreudigkeit der Frau zu belohnen indem man einen positiven Vibe setzt. Umgekehrt gilt das Selbe für niedrige Reaktionsfreudigkeit mit negativen Vibes abzurunden. Damit kannst Du die Frau direkt auf eine hohe Reaktionsfreudigkeit konditionieren.

Textgame ist Clickbaitgame

Ich habe Dir ja bereits gesagt, dass Clickbait eine gute Möglichkeit ist, um die Aufmerksamkeit der Frau zu bekommen und sie auf dein Instagram aufmerksam zu machen. Dieselbe Aufmerksamkeit kannst Du aber auch erzeugen, wenn Du sie im Text beim Vibing einsetzt. Wenn Du den Spike zum Beispiel mit dem Satz einleitest „Kann ich dir ein Geheimnis anvertrauen…" wird die Frau natürlich, wie jeder neugierige Mensch, nicht nein sagen. Frauen lieben Geheimnisse. Wenn Du dann das Geheimnis offenbarst, welches total unsinnig ist, wird sie Dich dafür lieben. „… ich bin Batman…" oder so etwas in der Art ist eine gute Möglichkeit die Emotionen der Frau zu aktivieren und sie zu überraschen und sie in wenig zu enttäuschen. So bekommst Du schnell die Aufmerksamkeit und kannst dann die Geschichte weiterspinnen und eine Spirale der lustigen Vibes in Kraft setzen.

Abschließend kann man allerdings sagen, dass Vibes oder Spikes mit der Unterstützung von Subkommunikation am besten wirken. Deshalb versuche ich mir im Chat auch relativ schnell die Nummer der Frau zu holen um mit ihr über Watsapp weiter schreiben zu können. Dort kann man dann nämlich Sprachnachrichten oder besser noch einen Videoanruf starten, um die Spikes und Vibes besser wirken zu lassen und eine stärkere Anziehung aufzubauen.

Die Nummer der Frau bekommen

Wenn Du meinen Rat befolgt hast, hast Du mit der Frau fürs erste nur Instagram ausgetauscht. Die Nummer zu holen ist im Nachhinein nur wichtig, damit Du Sprachnachrichten an sie schicken kannst, einen Platz in ihrer Kontaktliste einnehmen kannst und zum Schluss ein Date herbeiführen kannst.

Die Nummer zu holen, ist im Prinzip ziemlich einfach. Sage einfach, dass Du Nummern austauschen willst, damit Du über Watsapp weiterschreiben willst. Erstens ist Instagram keine Chat-App und zweitens geht es schneller und einfacher. Deine wichtigsten Kontakte regelst Du ja schließlich auch mit der kleinen grünen Anwendung.

Wenn die Frau Dir die Nummer nicht geben will, chatte noch ein wenig weiter und verwende die Skills die Du in diesem Kapitel gelernt hast. Vor allem das richtige Vibing spielt hier eine Rolle. Wenn sie Dir danach, beim zweiten Anlauf die Nummer nicht geben will, ist es Zeit die Frau für eine Weile abzuschreiben. Wenn sie Dir ihre Nummer nicht geben will, bedeutet das, dass sie Dir nie die Nummer geben wollte. Du setzt sie jetzt auf die sogenannte Warteliste und brauchst mit ihr nicht mehr viel zu schreiben. Was Du mit dieser Warteliste anfängst, erkläre ich Dir später. Fürs erste solltest Du dir um sie keine Sorgen machen und nichts mehr investieren.

Das Date ausmachen

Wenn Du dieses Buch liest, gehe ich davon aus, dass Du dich im Anschluss an das Kennenlernen auch mit der Frau treffen willst. Jetzt soll es deshalb um das Ausmachen vom eigentlichen Treffen gehen.

Wie Du schon gelesen hast, ist es wichtig deine Texte mit wenig Investment zu handhaben. Das Anschreiben sollte nicht anders laufen. Da Fragen ebenfalls ungünstig sind, empfiehlt es sich eine kleine Geschichte welche ein wenig Humor enthält. Du willst nur eines erreichen wenn Du eine Frau anschreibst: Das sie antwortet.

Vor allem eine schöne Frau bekommt extrem viele Nachrichten am Tag. Den meisten antwortet sie gar nicht weil die Typen meistens völligen gespielten und zielorientierten Mist schreiben und sie ja auch noch ein Leben hat. Im Prinzip willst Du mit deiner Nachricht aus der Masse herausstechen. Das geht nur mit einer Nachricht auf die sie nicht direkt antworten muss. Wie gesagt ist eine kleine Geschichte mit lustiger Pointe gut geeignet. Du gibst ein wenig Wert ohne etwas als Gegenleistung zu erwarten.

Wenn Du die Frau das erste Mal anschreibst ist eine Vermutung zu ihrem Äußeren oder zum Profil bei Tinder sehr gut geeignet. Das ist keine Frage und besser als jedes "Hi" von den anderen Schoten, welche sie jeden Tag mit Texten bombardieren.

Im Anschluss sollte ein wenig Vibing folgen. Du brauchst eine schnelle und möglichst positive Verbindung um das Date schnell ausmachen zu können. Wenn Du denkst, dass Verbindung besteht kannst Du zur Dateanfrage übergehen.

Ein Fehler denen wieder einmal viele Typen machen, ist es die Frau um ein Date zu bitten oder danach zu Fragen. Ein echter Leader (und das solltest Du in dem Fall sehr stark sein) stellt keine Fragen. Er bringt Vorschläge, und zwar konkrete! Wenn Du das Date festmachen willst, solltest Du genaue Angaben über Zeit und Ort machen. Das ganze muss als Vorschlag ankommen. "Lass uns..." ist die Formulierung die hier von Nöten ist.

Wenn sie an dem vorgeschlagen Termin keine Zeit hat, bringt es nichts, darauf zu bestehen. Das wird nur als needy aufgefasst. Schlage stattdessen einfach einen anderen Termin vor. Erwähne dass Du zu diesem Termin sowieso in der Gegend bist, weil Du da noch was erledigen musst. Du vermittelst praktisch, dass Du noch andere Dinge zu tun hast und wenig investieren musst, um zu ihr zu gelangen. Das reicht meistens schon aus. Wie gesagt ist es nur ein Spiel. Wenn sie sich nicht treffen möchte, kommuniziert sie das indem sie dir einfach sagt, dass sie da keine Zeit hat und keine weiteren Angaben über ihr Vorhaben macht. Schließlich wollen Frauen auch nicht unhöflich sein. Dann ist es an der Zeit noch ein wenig Komfort aufzubauen. Meistens sollte man sowieso warten, bis sie in einer positiven Schreiblaune ist und gleich auf den Vorschlag antworten kann. Nach dem kleinen Anhang zum Komfort-Aufbau solltest Du sie allerdings auf die Warteliste setzten um nicht so viel Zeit zu verschwenden.

Besser ist es auch diese Dateanfrage per Sprachnachricht oder Telefonat zu machen. Das Telefonat sollte dann gleich der Abfolge sein, die Du beim Anschreiben machst.

Subkommunikation am Telefon und bei Sprachnachrichten verbessern...
Ich habe noch einen kleinen Tipp für Dich, wenn es um das Einsetzen der Stimme geht. Eine tiefe und ruhige Stimme wirkt männlich und ausgeglichen. Versuche bei Aufnahmen deiner Stimme das Telefon so nah wie möglich am Mund zu halten, damit sie auch deinen Atem hören kann. Du kannst dabei auch noch ein kleines Lächeln aufsetzen. Diese Kleinigkeiten des Lachens hört man aus jeder Stimme heraus und es wirkt auf Menschen generell sehr attraktiv und selbstsicher. Die besten Chancen für eine Dateanfrage hast Du eben auch wenn Du sie mit deiner Stimme vermittelst.

Wenn Du deine Stimme trainieren willst, damit sie automatisch tiefer klingt, kannst Du einfach stark durch den weit offenen Mund in und ausatmen. Sorge dafür, dass die Stimme immer aus dem Zwerchfell kommt anstatt aus deinem Hals. Diese ist dann lauter und ruhiger.

Das Management der Warteliste

Du kennst ja sicherlich schon die Warteliste, welche ich angesprochen habe. Um deine Chancen auf Dates zu maximieren sollte diese Warteliste immer ein paar Kandidatinnen beinhalten. Ich rate dir aber die Zahl nicht über zehn Frauen zu halten, da die Schwierigkeit des Managements mit steigender Zahl logischerweise stark ansteigt.

Ich würde Dir empfehlen deine Warteliste ca. einmal die Woche komplett durchzugehen und anzuschreiben. Je mehr Du dadurch anschreibst, desto wahrscheinlicher ist es, eine Frau zu erwischen die gerade in einer guten Stimmung ist und bereit ist sich mit Dir zu treffen. Du weißt schließlich nie was gerade genau bei der Frau im Leben vorgeht, außer Du kennst sie gut.

Mit dem Ansprechen durch Frauen auf der Straße und das Nutzen von Tinder fügst Du neue Frauen der Warteliste hinzu. Wenn eine Frau drei Mal hintereinander deinen Datevorschlag ablehnt, solltest Du sie allerdings von der Warteliste streichen und keine Zeit mehr in sie investieren.

Letztendlich ist Textgame ein Nummernspiel und man weiß nie wirklich was dabei herauskommt. Je frischer und aktueller deine Liste ist, desto wahrscheinlicher ist es allerdings, dass Du dich mit einer der Frauen triffst.

Wie Du dann das erste Date gestalten kannst habe ich in einem extra Blogpost behandelt. Das Thema wird darin schnell und einfach abdeckt und für Dich leicht verständlich gemacht. Diese Basics sind für Dich im Blog natürlich völlig kostenlos also schau auf jeden Fall dort vorbei wenn Du es bis zum Treffen schaffst.

Wenn Du noch weitere Fragen hast oder an einer bestimmten Stelle beim Schreiben nicht weiterkommst, kannst Du mich einfach unter meiner Kontakt E-Mail (**karnatzdaniel@gmail.com**) anschreiben und dann ein kostenloses Skype-Coaching erhalten. Dieses Angebot ist aber nur für Dich als Buchkäufer reserviert, also nutze diese einmalige Chance! Ich freue mich auf unser Gespräch!

Kapitel 6:
Warum Online-Dating nicht alles ist

„Sich alleine auf die Möglichkeiten des Online-Dating zu verlassen
ist ein fataler Fehler und macht dich im Endeffekt nicht glücklich"
- Daniel Karnatz

Ich denke Du konntest aus diesem Buch lernen, welche vielfältigen Möglichkeiten einem das Online Dating bietet. Trotzdem wollte ich diesem Buch ein Kapitel hinzufügen, welches den Mut und die Tatenkraft um das Thema herum ein wenig dämpfen soll. Obwohl die digitale Welt uns solch eine Hülle und Fülle an Möglichkeiten gibt, sollte man sich meiner Meinung nach nicht darin verlieren. Dieses Kapitel soll Dir noch einmal kurz erklären warum Online-Dating nur als Ergänzung zum eigentlichen Ausgehen darstellen sollte und es einfach nicht alles ist, worauf man sich verlassen sollte. Ich will Dich damit über den Tellerrand hinaus blicken lassen und Dich dazu ermutigen, die Dinge ein wenig kritisch zu sehen und somit eine eigene Balance im Leben zu finden.

Der negativen Entwicklung entgegen wirken

Wie ich Dir schon beschrieben habe, gibt es derzeit eine sehr starke negative Entwicklung wenn es um die sozialen Fähigkeiten der Menschen geht. Jeder Tippt nur noch im Smartphone herum und vergisst die eigentlichen Urtriebe der realen sozialen Interaktionen. Online-Dating läuft natürlich fast nur im Smartphone im Chat oder im Computer aber. Ich möchte Dir aber mit diesem Buch eher vermitteln, dass Online-Zeit nicht so wertvoll ist wie Offline-Zeit.

Wenn Du dich zu stark auf deine Online-Flirt-Skills verlässt, wirst Du sehr schnell abhängig und verlernst diesen Urtrieb. Die Aufgabe liegt bei Dir, einen Ausgleich zwischen diesen zwei Welten aufrecht zu erhalten. Das erreichst Du natürlich nur dann, wenn Du ab und zu mal den Blick vom Smartphone abwendest und ihn auf die reale Welt richtest und deine sozialen Fähigkeiten verbesserst. Jede reale Interaktion ist dazu geeignet. Ob es nun das Ansprechen von Frauen auf der Straße ist, oder der kleine Plausch mit der Kassiererin vom Lidl von nebenan. Entwickle eine Gewohnheit für diese stark soziale Umgangsweise mit anderen Menschen und Du wirst keine Probleme mit diesem Ausgleich haben.

Als Mann seine Eier behalten

Zugegeben, die Überschrift klingt sehr provokant. Sie trifft aber durchaus zu, wenn man sich überlegt, dass nicht einmal 3% der Männer eine fremde Frau oder sogar eine fremde Person auf der Straße ansprechen können. Als Mann ist es deine Aufgabe diesen Skill zu beherrschen, mit welchem Du dich von den anderen Männern extrem abheben kannst und Du eine ganz neue Stufe der Attraktivität für Frauen und generell andere Menschen erreichst. Das erfordert natürlich Mut und diesen kannst Du dir nicht antrainieren, wenn Du ständig in geduckter Haltung und Gesichtslos deine Chats bearbeitest. Sei ein Mann und gehe aus dieser Komfortzone heraus!

Online-Dating ist nur die Kirsche auf der Sahne

Nun sind wir am Ende dieses Buches angelangt. Ich hoffe Du konntest viel über die Dynamik des Online-Dating lernen und Dir diese Skills auch zunutze machen. Allerdings solltest Du nie vergessen, dass Tinder und Co. nur die Ergänzung zu deinem eigentlichen Hauptflirtleben sein sollte. Du bist schließlich mehr als nur ein Profil welches Du im Netz erstellt hast. Ich hoffe Du behältst diese Gedanken immer im Hinterkopf und führst in diesem Sinne ein ausgeglichenes Leben welches mit der Zeit geht, aber auch die alten Werte und Instinkte des sozialen Miteinander beinhaltet.

Schlusswort

Abschließend möchte Ich mich noch einmal von ganzem Herzen bei Dir bedanken. Mit dem Erwerb dieses Ratgebers hast Du mir gezeigt, dass Du Vertrauen in mich, meine Erfahrungen und meine Arbeit gesetzt haben.

All das Wissen habe ich mir über die Jahre mühsam angeeignet und versuche dieses nun so gut und verständlich wie möglich Dir mit auf den Weg zu geben. Ich hoffe Ich kann Dich damit auf Deinem Lebensweg unterstützen! Ich hoffe, dass Du einiges aus diesem, bewusst kurz gehaltenen Ratgeber, der alles knackig auf den Punkt bringen sollte, mitnehmen konntest und mit den Inhalten, Tipps und Trick positive Veränderungen erzielen kannst.

Über ein Feedback Deinerseits, mittels einer Bewertung auf Amazon, würde ich mich sehr freuen und es sehr schätzen!

Wenn dich das Thema Flirten, Dating, Beziehungen und Persönlichkeitsentwicklung mehr interessiert, schau doch mal bei meinem Blog vorbei. (**easy-attraxtion.de**)

Privat erreichst Du mich übrigens am besten und Schnellsten über mein Instagram (**easy_attraction_daniel**) wo Du auch einen kleinen Einblick in mein privates Leben bekommst.

Für Deine Motivation und die neusten Updates bekommst Du bei unserer offiziellen Seite auf Instagram (**easyattraction_official**).

Ich wünsche Dir für deine Zukunft alles erdenklich Gute und hoffe Dich auch weiter auf deinem Weg, mit meinen Erfahrungen und Tipps, unterstützen zu dürfen.

Nicht vergessen: Take fuckin action!,

Daniel

Bonus-Kapitel:

Um meine Dankbarkeit noch ein bisschen mehr zum Ausdruck zu bringen möchte ich Dir hier einen kleinen Ausschnitt aus meinem Buch: **Frauen verstehen** kostenlos schenken. Den Link zum Buch findest Du auch nach diesem Kapitel unter den Büchern des Autors. Viel Spaß!

Kapitel 4: Finde die Königin, vermeide die Manipulatorin

> „Manche Männer bemühen sich lebenslang, das Wesen einer Frau zu verstehen. Andere befassen sich mit weniger schwierigen Dingen z.B. der Relativitätstheorie."
> - Albert Einstein

Vor allem wenn es um Beziehungen geht, ist die Wahl der richtigen Frau entscheidend für den Erfolg dieser. Als Mann will man natürlich eine Frau welche es „Wert" ist. Man will die „Richtige" finden, jemanden mit dem man selbst wachsen kann und mit dem man sich weiterentwickelt. Aber nicht jede Frau ist für diese hohen Ansprüche geeignet. Jede Frau ist anders und auf ihre Art und Weise einzigartig. Allerdings kann man sie in gewisse, stark verallgemeinernde, Gruppen sortieren, welche einen guten Ausblick über die Qualitäten der Frau geben. Ich stelle Dir jetzt diese Gruppen vor, wie Du sie erkennst und in welchen Du wahre Königinnen, und in welchen Du die Manipulatorinnen findest, mit denen Du dich nicht connecten willst.

Allgemein gibt es eine Unterteilung der Frauen in HSE/LSE und in HD/LD.

LSE (Low Self-esteem) – Niedriges Selbstbewusstsein

In dieser Kategorie befinden sich ca. 85-90% aller Frauen. Niedriges Selbstbewusstsein ist bei diesen Frauen natürlich nicht von Anfang an vorhanden. Meistens können die Frauen selbst nichts dafür. Der größte Faktor der dafür sorgt, dass so viele Frauen ein niedriges Selbstbewusstsein haben ist die Gesellschaft und vor allem die Medien und ihre Werbekampagnen in welchen immer die ideale Frau dargestellt wird. Frauen vergleichen sich dann mit diesen Idealbildern und können diesem natürlich nicht entsprechen. Minderwertigkeitskomplexe sind, bei der sehr emotionalen Denkweise der Frauen, die Folge.

Wie erkennt man LSE-Frauen?

LSE Frauen sind typische Party-Mädels. Sie müssen stark auf ihr Äußeres achten um ihr niedriges Selbstbewusstsein zum Kompensieren. Sie müssen sich immer von der besten Seite zeigen, sich immer und überall präsentieren. Das kann man vor allem in sozialen Netzwerken sehen wo es von Instagram-Hundefiltern nur so wimmelt. Sie setzen meist eine Maske auf und wenn man sie für ihr Äußeres oder inneres kritisiert reagieren sie besonders stark darauf. Sie wollen es allen Leuten in ihrer Umgebung recht machen und möglichst jeden auf ihrer Seite wissen. Sie sind geborene Lästerschwestern weil sie andere Menschen herunter ziehen müssen um eigene Schwächen zu verbergen. Ein Mensch der vollkommen mit sich im Reinen ist, würde niemals versuchen andere Menschen herunterzuziehen.

Wie geht man mit LSE-Frauen um?

LSE-Frauen reagieren besonders gut auf das typische Necken. Kleine Kommentare die auf ihr Äußeres oder kleine Makel abzielen die sie an sich selbst ein wenig unattraktiv finden. Natürlich sollten diese Kommentare nie ernst gemeint sein, sondern immer mit einem ironischen Unterton ausgesprochen werden. Je weniger Aufmerksamkeit eine LSE-Frau bekommt, desto mehr will sie. Gebe also nie deine volle Aufmerksamkeit an sie ab und nimm sie nie komplett ernst. Bestätigung ist wie ein Futter für sie welches man sehr knapp halten sollte. Gibst Du zu viel, wird die LSE-Frau schnell das Interesse verlieren. Diese Frauen stehen vor allem auf das typische „Arschloch" und können mit echter Zuneigung nicht viel anfangen.

Dieser Typ Frau ist vor allem für eine längerfristige Beziehung ungeeignet, da die Frauen in dieser Kategorie immer von den Meinungen anderer abhängig sind. Es ist also sehr schwer sich mit diesem Typ Frau weiterzuentwickeln. Diese Frauen leben von Drama und sind deshalb in einer Beziehung eher stresserzeugend als entspannend. Viel mehr als eine Freundschaft + ist mit diesen Frauen nicht empfehlenswert obwohl letzteres sich auch meistens als schwierig herausstellt, da diese Art der Beziehung nicht in das allgemeine sozial konditionierte Gesellschaftsbild passt. Davon lassen sie sich noch stark leiten und deshalb passt es auch nicht mit dem realen Gesellschaftsbild der Verführungskünstler zusammen. Diese Frauen sind allerdings für One-Night-Stands oder kürzere Romanzen geeignet.

Ich will hier noch einmal anmerken das diese Kategorisierung rein verallgemeinert und nicht verurteilend gemeint ist. LSE-Frauen können sich durchaus mit der Zeit zu HSE-Frauen entwickeln. Am häufigsten passiert dies nach der Pubertät.

HSE (High Self-esteem) – Hohes Selbstbewusstsein

Frauen mit wirklich hohem Selbstbewusstsein sind in der heutigen Zeit relativ selten geworden. Die Medien haben ein Frauenbild geschaffen welches für die meisten unmöglich zu erreichen ist. Frauen mit hohem Selbstbewusstsein wissen, dass sie so ok sind wie sie sind, egal was auch passiert. Sie haben eine Art höheres Bewusstsein welches vor allem durch eine gute Erziehung und eine stabile Bindung zu dem Vater entsteht. Frauen mit hohem Selbstbewusstsein reagieren nicht wie die LSE-Frauen auf das typische Arschlochverhalten sondern eher auf Wahrhaftigkeit. Sie testen nicht dein Selbstbewusstsein sondern Deine Entschlossenheit also wie ernst Du die Dinge meinst, die Du sagst. Natürlich ist das alles stark verallgemeinert, denn jede Frau besitzt beide Seiten in sich. Allerdings ist eine immer dominant und führt eher zu einer Connection als die andere.

Wie erkennt man HSE-Frauen?
HSE-Frauen reagieren auf vieles Necken relativ passiv. Sie haben so ein hohes Selbstbewusstsein, dass es ihnen vollkommen egal ist, wenn jemand an ihnen etwas auszusetzen hat. Sie wissen, dass sie so in Ordnung sind wie sie sind. Sie wissen was Sie wollen im Leben und treffen ihre Entscheidungen ohne viel auf andere Meinungen zu hören. Sie lieben ihre Freiheit und können diese auch ohne Schuldgefühle ausleben. Sexuell gesehen sind sie meistens offener als LSE-Frauen, vor allem wenn es um alternative Beziehungsmodelle geht oder öfter wechselnde Partner. Das muss allerdings nicht immer so sein sondern ist wie gesagt nur stark verallgemeinert.

Wie geht man mit HSE-Frauen um?

HSE-Frauen stehen vor allem auf Unabhängigkeit. Da dies für sie selbst eine wichtige Eigenschaft ist, ist sie es auch für ihre Vorliebe bei den Eigenschaften von Männern. Offenheit, Ehrlichkeit und Selbstbewusstsein sind die Schlüssel zum Herzen von HSE-Frauen. HSE-Frauen finden es unglaublich attraktiv, wenn ein Mann zu dem steht wer er ist und was er will. Sie reagieren weniger auf das typische Macho-Gehabe und lassen sich mehr von echten Gefühlen fesseln.

Dieser Typ Frau ist ideal geeignet für eine ernsthafte Beziehung. Man erspart sich mit solch einer Frau nicht nur sehr viel Drama, sondern kann sich auch zusammen mit ihr ideal weiterentwickeln. Vor allem HSE-Männer können mit diesem Typ Frau sehr gut kommunizieren da sich gleiche Typen immer unterbewusst anziehen. Genauso verhält es sich mit LSE-Männern und Frauen.

HD und LD (Hoher-Sexdrive/Low(niedriger)-Sexdrive)

Bei dieser Kategorisierung geht es vor allem darum, zu bestimmen ob eine Frau ein starkes Verlangen nach Sex hat oder nicht. LSE oder HSE Frauen können jeweils eine der beiden Eigenschaften besitzen. Bei den vorigen Erklärungen bin ich immer von einer Frau mit einem hohen sexdrive ausgegangen. Jetzt sehen wir uns einmal an wie man mit Frauen der beiden Kategorien umgeht, wenn sie keinen hohen sexdrive haben.

HSE/LD Frau:
Mit diesem Typ Frau kann man zwar meist keine sexuelle
Spannung aufbauen, jedoch extrem tiefe Gespräche führen.
HSE/LD Frauen sind ideale beste Freundinnen bei welchen die
Beziehung nie durch zufällig passierten Sex zerstört wird. Sie
sind ideale Zuhörer und können auch ernstgemeinte und gute
Ratschläge geben. Dabei liefern sie jedoch im Gegensatz zu
männlichen besten Freunden eine andere Sichtweise auf die
Dinge und dazu noch eine Dosis weibliche beruhigende Energie.
Es lohnt sich auf jeden Fall eine platonische Beziehung zu
HSE/LD Frauen aufzubauen.

Ein weiterer Vorteil von dieser Kategorie ist es, dass sie Dir als
Mann sehr viel sozialen Wert zukommen lassen, wenn es um
andere Frauen geht. Besonders bei sehr attraktiven HSE/LD
Frauen wirkt sich dieser Effekt verstärkt aus. Im sozialen Kreis
sind diese Frauen die ultimativen Magneten für andere
potenzielle Frauen da sie sympathisch und offen sind und
obendrein noch sehr gut mit Männern UND Frauen umgehen
können. Der Wert einer HSE/LD Frau sollte niemals unterschätzt
werden, nur, weil man mit ihr nicht schlafen kann oder will.
Meistens sind es gerade diese Frauen die Dir den Zugang zu den
hochqualitativen Frauen ermöglichen.

LSE/LD Frauen:
Jetzt kommen wir mit Abstand zur schlimmsten Kategorie
welche eigentlich eine der Hauptgründe ist, warum ich dieses
Kapitel in diesem Buch hinzugefügt habe. Jetzt geht es um die
hochmanipulativen LSE/LD Frauen. Eine Warnung vorne weg:
Lasse Dich niemals auf solch eine Frau ein. Weder sexuell noch
platonisch wird sie Dein Leben unterbewusst herunterziehen
und es am Ende bereuen. Wie Du diese Art der Frau erkennst
und wie Du von ihr loskommst und vor allem warum sie so sind
wie sie sind zeige ich Dir jetzt.

Im Grunde kann man diese Art von Frauen an einem bestimmten Merkmal erkennen: Sie sind wahrlich unberechenbar. Sie haben kein Muster an Verhaltensweisen und reagieren auf die gleiche Sache immer unterschiedlich. Es fällt schwer die Emotionen dieser Frauen hoch oder nach unten zu bringen, weil sie meistens selbst nicht wissen was sie fühlen. Oft sind sie kalt und reaktionslos und wirken in ihren Ausdrücken und Emotionen gespielt und einfach unecht. Vor allem Anfänger können dieses spielen der Emotionen noch nicht auseinanderhalten. Dies ist auch eher eine Sache des Bauchgefühls, welches mit mehr Erfahrung mit Frauen und generell im Leben, antrainiert wird.

Diese Art der Frau wird von einer Fähigkeit besonders ausgezeichnet: Die Fähigkeit andere Menschen zu manipulieren. Es ist definitiv eine psychische Instabilität die für solch ein Verhalten sorgt. Dieses Verhalten wurde allerdings anerzogen. Ich möchte hier weder der Frau die Schuld für ihr Verhalten geben (da sie es nicht besser gelernt hat und nie andere positive Erfahrungen sammeln konnte), noch möchte ich den Erziehenden die Schuld geben. Meist sind es sehr erschreckende Umstände die zu solch einem Charakter führen. Da man die ganzen Hintergründe darum nicht kennt, will ich mich von jeglicher Wertung fernhalten und nur allgemein über das Verhalten reden.

Wenn eine Frau nur gelernt hat, mit Manipulation im Leben weiterzukommen, wird sie auch nur Manipulation verwenden. Vielleicht wurde sie ja schon einmal für ihre „Echtheit" bestraft. Vor allem Männer sind es die diesem manipulativen Verhalten zum Opfer fallen. Obwohl die LSE/LD Frau auch andere Frauen manipuliert (ein gutes Beispiel davon sind ständig wechselnde „beste Freundinnen" die wegen Kleinigkeiten verstoßen werden) sind die Männer bei ihr noch härter dran. Oft manipuliert eine solche Frau einen Mann so stark, dass der Mann sich innerhalb von Wochen vom Alpha zum untersten Beta-Mann entwickelt. Vor allem liegt es daran, dass die Frau keinen sexuellen Kontakt zulässt. Sie gibt dem Mann zwar einen Knochen, lässt aber das ganze Paket verschlossen. Männer, die das nicht vorzeitig erkennen werden in den Wahnsinn getrieben. Die Frau versucht durch das manipulative Verhalten immer mehr zu Nehmen und der Mann gibt immer mehr ohne dafür etwas zu bekommen.

Wenn Du diesen Typ Frau erkennen solltest, vermeide am besten jeden weiteren Kontakt. Es gibt genug andere Frauen für die sich die investierte Zeit lohnt. Solltest Du den Kontakt nicht abbrechen könnte es sein, dass die Frau dich versucht immer mehr zu manipulieren (und die sind verdammt gut darin, glaube mir). Sie versucht Dein Leben zu kontrollieren und immer mehr ihren Bedürfnissen anzupassen. Durch ihre Negativität werde auch Deine Gedanken beeinflusst und immer mehr in den Abgrund gezogen. Versuche auch bitte nicht die Frau in ihrer Person zu ändern, da sie das als selbst als Manipulationsversuch auffassen würde.

Im Prinzip kann man LSE/LD Frauen nicht viel helfen außer sich von ihnen fernzuhalten. Fokussiere Dich lieber auf die Frauen im Leben die Dich unterstützen und Dich verstehen. Das sind die Art von Beziehungen, die sich jeder Mann wünscht und die auch jede Frau im Gegenzug schätzt.

Weitere Bücher des Autors:

Flirten in der Disco: Entdecke die geheimen Strategien der Meisterverführer und erlebe den besten Abend deines Lebens

Alpha-Mann: Wie du deine verführerische, männliche Kraft entfesselst

Selbstbewusstsein: Befreien Sie sich von Ihren inneren Ketten und erlangen Sie grenzenlose Freiheit

Frauen ansprechen: Besiege Deine Ansprechangst und erobere das Herz Deiner Traumfrau

Frauen verstehen: Entschlüssle die wahre Natur der Frau und werde zum emotionalen Chamäleon

>Meistere die ultimative Kunst der natürlich einfachen Verführung<
(by Daniel Karnatz)

Hey Mate, Daniel hier. Ich hoffe Dir hat dieses kleine Buch gefallen und es konnte Dir wirklich weiterhelfen. Da ich in meiner Vergangenheit nie ein Vorbild oder einen Mentor in Sachen Frauen, Flirten und Persönlichkeit hatte, weiß ich, in welcher Situation Du dich jetzt wahrscheinlich befindest.

Meine Vision ist es, dass eines Tages alle Männer dieser Welt mit einer Frau an ihrer Seite im Bett aufwachen und gerade die beste Nacht ihres Lebens gehabt haben. Alle Menschen, Frauen wie Männer wären so glücklich, dass es keine ernst zu nehmenden Konflikte mehr gäbe. Es ist unglaublich was die Macht der Nähe und Liebe alles bewirken kann. Sex ist die schönste Sache der Welt. Jeder hat es und jeder liebt es.

Mit meiner Marke und mit meinen Methoden will ich deshalb so vielen Männern wie möglich helfen, echte Profis im sozialen Umgang und natürlich im Umgang mit Frauen zu werden.

*****Meine Geschichte*****

In der Schulzeit war ich, wie viele Jungs die ich kennen lernen durfte, eher schüchtern und zurückhaltend. Mein Alltag war von Sozialen Ängsten und dem Rückzug in die Spielwelt eines Computers geprägt. Ich fühlte mich unwohl in meinem Schlaksigen Körper und mein Freundeskreis war nicht sehr groß. Mit den Mädels hatte ich nie viel zu tun und meine Ängste ihnen gegenüber machte die Sache nicht viel einfacher. Dass es so nicht weitergehen konnte war mir schnell bewusst.

Ich fing an mich wie ein wilder mich mit meinen Ängsten auseinanderzusetzen. Ich las Bücher über das Flirten und allgemeine Spiritualität und Persönlichkeitsentwicklung. Ich verbesserte meine sozialen Fähigkeiten und wurde über die Jahre immer angesehener. Mein Freundeskreis erweiterte sich, wurde qualitativ hochwertiger und ich wurde sehr selbstbewusst wenn es um das andere Geschlecht geht. Diese Entwicklungen waren sehr langwierig und ich musste einige Rückschläge einstecken weil ich niemanden hatte der es mir richtig beibrachte.

Jetzt ist deine Zeit, deine Chance!:
Ich weiß in welcher Situation man ist wenn man nicht die Kontrolle über sich oder sein Umfeld hat, wenn man sich von den Meinungen anderer abhängig macht. Um diese Situation zu vermeiden und den Ausweg zu finden, möchte ich so vielen Menschen wie möglich helfen ihre Ängste loszuwerden.

Dieses Buch deckt schon einmal einen kleinen Teil dessen ab, was ich Dir beibringen will. Jeder Mann hat aber auch seine ganz eigenen Stärken und Schwächen. Diese kann ich nur in meinen persönlichen Coachings herausfinden und gezielt bearbeiten. Die meisten Menschen lernen sogar besser, wenn sie live jemanden an ihrer Seite haben. Aus diesem Grund habe ich verschiedene Coaching-Varianten zusammengestellt, die alle das Ziel haben dich im Umgang mit Frauen und im sozialen Umfeld zu stärken. Wenn Du eine persönliche Betreuung bevorzugst, ist jetzt deine Chance gekommen diese zu erhalten.

Hier ein kurzer Überblick über meine Angebote:

Die Easy-Attraction 21-Tage Approach-Challenge:

Das ist mein Geschenk an Dich! Du erhältst völlig KOSTENLOS für 22 Tage je eine E-Mail mit einer kleinen Aufgabe, welche es zu erfüllen gilt. Wenn Du jemals Probleme mit Ansprechangst hattest, wirst Du nach diesem Programm diese nie wieder so wahrnehmen!

Wenn das nach DER Herausforderung für Dich klingt, darf ich dir hiermit die kostenlose Easy-Attraction 21-Tage Approach-Challenge vorstellen.

Werfe jetzt Deine Ausreden über Bord und fange endlich an, dich Deinen Ängsten zu stellen. Du wirst es nicht bereuen! Melde Dich noch heute an und genieße die für begrenzte Zeit kostenlosen Vorteile für Dich:

easy-attraction.de

Erstgespräch – 1/2h:

Inhalt: Vorstellen, Ziele besprechen, Stärken-/Schwächenanalyse, erste Lösungsansätze

Preis: Kostenlos für Buchkäufer oder 10€

Daygame Coaching - 2h:

Inhalt: soziale Ängste loswerden (Komfort-Challenges), Ansprechen von attraktiven Frauen, Gespräch aufbauen, Nummer holen, Date ausmachen

Preis: 25€

Nightgame Coaching - 3h

Inhalt: soziale Dynamiken analysieren, Ansprechen, Vertrauen aufbauen, Kino, Kiss-Close, Pull (Frau mit nach Hause nehmen)

Preis: 50€

Interesse? Fragen? Hier ist der Kontakt:

Wenn Du jetzt schon von deinem inneren Feuer gepackt wurdest, melde dich doch gleich bei mir. Du erreichst mich unter folgenden Daten:

E-Mail: **karnatzdaniel@gmail.com**
Mobil: +4915228620498
Blog: **Easy-Attraction**

Wichtiger Hinweis:
Vor allem die persönlichen Lifecoachings sind auf meine
ständige Anwesenheit angewiesen. Wenn dies, wegen meiner
lokalen Abwesenheit nicht möglich ist, kostet das Coaching nur
die Hälfte des Preises, wird aber dafür per Skype, vor Deiner
eigenen Flirt-Session stattfinden. Ich werde Dich in dem
Skypecall so gut es geht vorbereiten. Damit Du maximale
Ergebnisse erzielen, und sie sogar selbst auswerten kannst,
werde ich mir Dir alle Situationen durchgehen und Dir konkrete
Aufgaben und Handlungsanweisungen geben.

Ich freue mich auf Dein reges Interesse für Optimierung deiner
Persönlichkeit und deiner Skills im Umgang mit anderen
Menschen und vor allem Frauen.

See you Mate,

Daniel (CEO und Coach bei Easy-Attraction)

Rechtliches und Impressum:

Ich bin stets bemüht, alle Informationen und Angaben in diesem Buch korrekt und auf dem neusten Stand zu halten. Leider ist es trotzdem nie vollkommen ausgeschlossen, dass Fehler und Unklarheiten entstehen. Aus diesem Grund übernehme Ich keine Gewähr für Aktualität, Richtigkeit, Qualität und Vollständigkeit dieses Werkes. Für Schäden die durch die (Nicht-) Nutzung dieser Informationen, sowohl mittel- als auch unmittelbar entstehen, hafte Ich nicht. Für Hinweise auf Fehler und Unklarheiten wäre Ich Ihnen sehr dankbar!

Zum Autor:
Daniel Karnatz
Tiefer Weg 22
01689 Weinböhla
karnatzdaniel@gmail.com

Alle Bilder und Texte dieses Werkes sind urheberechtlich geschützt. Ohne eine explizite Erlaubnis des Rechteinhabers, Herausgebers und Urhebers, sind die Inhalte für Dritte nicht nutzbar.

www.ingramcontent.com/pod-product-compliance
Lightning Source LLC
Chambersburg PA
CBHW070828260726
48654CB00024B/544